Vente du Mercredi 2 Avril 1873.

SALLE N° 1.

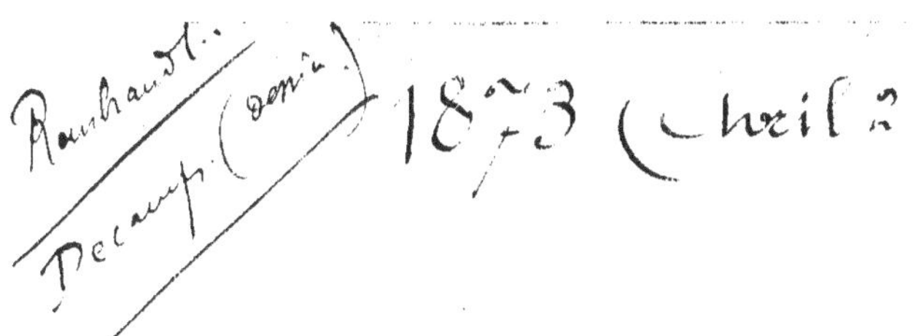

TABLEAUX IMPORTANTS

DÉPENDANT

De la Succession de M. de FORCADE

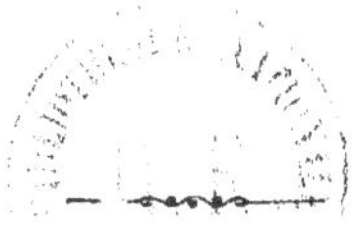

EXPOSITIONS :

PARTICULIÈRE	PUBLIQUE
Le Lundi 31 Mars 1873.	*Le Mardi 1er Avril 1873.*

COMMISSAIRE-PRISEUR.

Mᵉ CHARLES PILLET,
10, rue de la Grange-Batelière.

EXPERT.

M. FÉRAL. PEINTRE.
23, rue de Buffault.

CATALOGUE

DE

TABLEAUX IMPORTANTS

DÉPENDANT

De la Succession de M. de FORCADE

DONT LA VENTE AUX ENCHÈRES PUBLIQUES AURA LIEU
HOTEL DROUOT, Salle N° 1
Le Mercredi 2 Avril 1873
à deux heures précises.

Par le ministère de **Me CHARLES PILLET**, Commissaire-Priseur,
10, rue de la Grange-Batelière;
Assisté de M. **FÉRAL**, Peintre-Expert, 23, rue de Buffault,

Chez lesquels se trouve le présent Catalogue.

EXPOSITIONS { *PARTICULIÈRE : le Lundi 31 Mars 1873.*
PUBLIQUE : le Mardi 1er Avril 1873.

CONDITIONS DE LA VENTE

Elle sera faite expressément au comptant.

Les acquéreurs payeront *cinq pour cent* en sus des prix d'adjudication.

Paris. Typ. Pillet fils aîné, 5, rue des Grands-Augustins.

Les quatre tableaux suivants proviennent de la riche galerie du cardinal Fesch, si justement classée au rang des collections célèbres des temps passés.

Ces tableaux y figuraient au nombre des œuvres de premier ordre.

Le Christ de Rembrandt, par son importance, sa pureté exceptionnelle et sa qualité, est en tout point digne des premiers musées de l'Europe. — Nous ne saurions trop recommander aux amateurs de prêter toute leur attention à cette œuvre remarquable, que le hasard fait passer en vente publique, occasion qui ne se représentera, sans doute, jamais.

Le Poussin. — LE REPOS DE LA SAINTE-FAMILLE. On trouvera dans ce tableau, qui a fait partie de la galerie du prince Rospigliosi et qui a été gravé par Raphaël Morghen, une gracieuse composition réunie au dessin et à l'ordonnance savante du grand peintre.

La mise au tombeau est une composition d'un grand style portant le caractère profond de ses œuvres.

L'étude pour le Déluge est grandiose, les artistes et les amateurs seront, nous n'en doutons pas, frappés par le cachet terrible que Le Poussin a su y imprimer.

La Madeleine de Van Dyck est de sa première manière, on n'y trouvera pas la touche franche et savante que l'on remarque dans certains de ses portraits, mais on ne pourra s'empêcher d'admirer la transparence des tons, la finesse de son coloris, l'exécution onctueuse et suave des chairs. Ce tableau a appartenu à Madame de Pompadour.

Nous avons cru qu'il était bon de donner l'extrait du catalogue de la galerie du cardinal Fesch. Monsieur Georges, l'éminent expert qui fut chargé de cette vente, décrit ces tableaux avec un soin extrême, entrant dans des détails que les amateurs ne sont plus habitués à trouver dans les catalogues de nos jours.

FÉRAL.

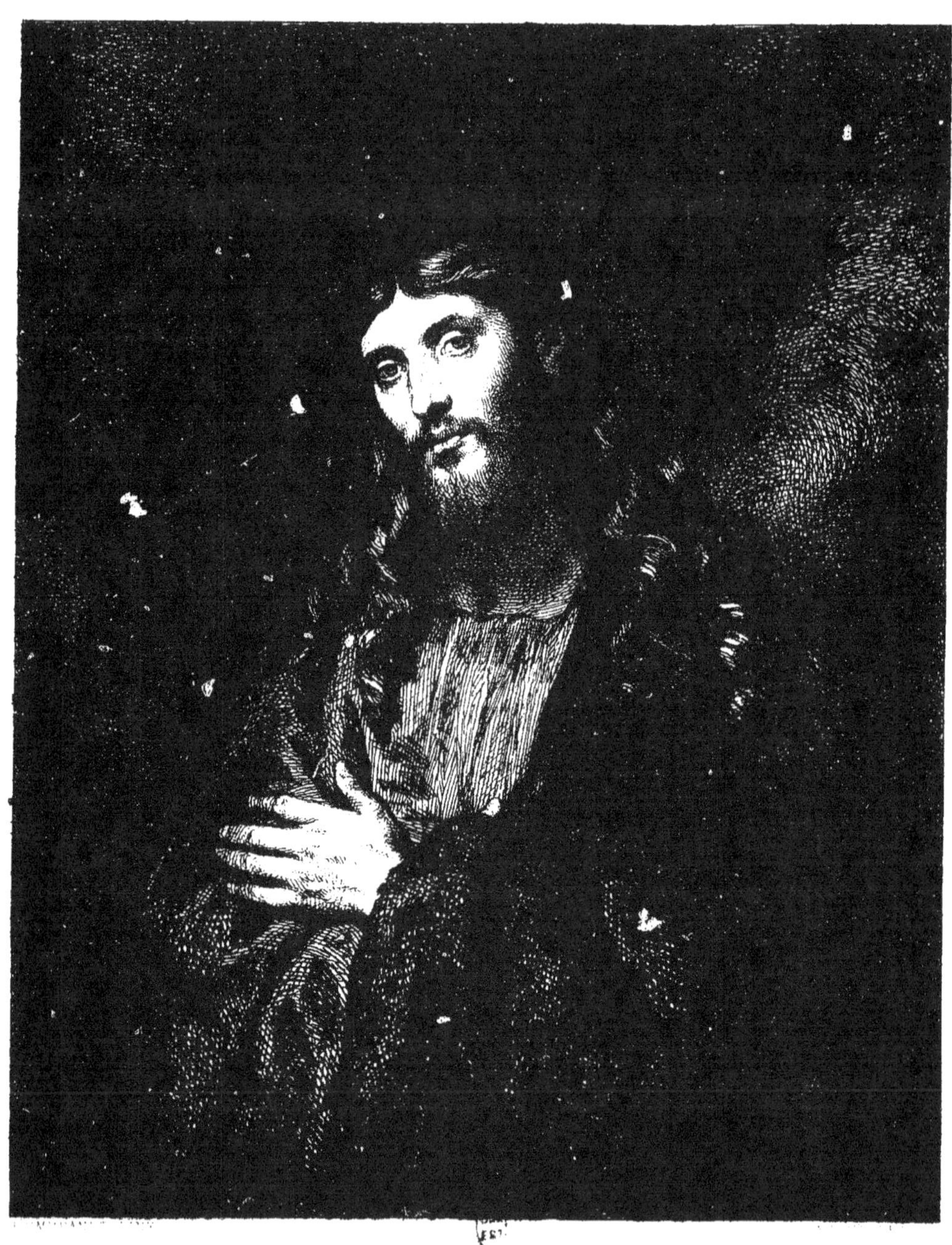

EXTRAITS

DU CATALOGUE DE TABLEAUX

e la Galerie du cardinal Fesch

REMBRANDT

(PAUL-VAN RYN)

1 — Le Christ.

Notre célèbre peintre a parfaitement compris que la
beauté de l'Homme-Dieu devait plutôt émaner de
l'expression des traits que résider dans l'agrément ou
les charmes de la physionomie ; sous ce point de vue,
la beauté de Christ de Rembrandt est parfaite. Quels
délicieux sentiments ce visage exprime !...

L'attitude tout à la fois digne et modeste du Sauveur,
sa pose, son geste, son regard, tout cela est d'une élo-
quence pénétrante qui remue l'âme. Simple aussi
comme tout le reste, sa mise ne se compose que d'une
tunique rouge et d'un manteau brun qui, descendant

de l'épaule gauche, enveloppe une partie du corps. Mais sa chevelure remarquablement belle, forme à elle seule, on peut le dire, tout le luxe de sa personne ; séparée sur le milieu de la tête, elle descend à flots épais et bouclés sur les épaules et jusque sur la poitrine. L'arrangement du manteau ne laisse apercevoir qu'une des mains ; toutes deux cependant sont croisées sur le cœur, et cette disposition fait croire que le peintre a voulu nous représenter Jésus-Christ dans un de ces moments de solitude et de méditation si fréquents dans sa vie.

Le maître a déployé dans cette figure toute la vigueur et l'habileté de son pinceau, et l'on y trouve ce bel empâtement, cette chaleur de coloris qui étonnent dans ses ouvrages. Ce n'est pas tout. Par le secours des principes du clair-obscur, dont nul mieux que lui ne possédait l'intelligence, Rembrandt, ici, est parvenu à produire un effet non pas seulement magique, suivant sa coutume, mais on peut dire surnaturel ; car sans recourir au plus léger sacrifice et sans diminuer en rien l'illusion, il a rassemblé toute sa lumière sur la figure et sur les mains du Christ, d'où elle semble ensuite s'échapper pour éclairer tout le tableau : idée ingénieuse, inconcevable même, et aussi grande par rapport au sujet, que grandement exécutée par rapport au tableau.

Toile. Haut., 111 cent.; larg., 90 cent.

Galerie du cardinal Fesch. N°s 723-300 du Catalogue.

POUSSIN

(NICOLAS)

2 — Repos de la sainte Famille.

Durant le pénible trajet de sa fuite en Égypte, la Sainte-Famille, fatiguée de la route, se repose auprès des ruines d'un ancien monument bâti en grosses pierres dans les interstices desquelles croissent des buissons et des arbustes qui étalent leurs rameaux fleuris. La Vierge assise sur la verdure qui tapisse les abords de la vieille muraille, les mains jointes et la tête baissée, semble saisie tout à coup d'une sorte d'adoration muette devant son divin fils, auquel deux anges sont venus offrir, en se prosternant à ses pieds, l'un un rayon de miel, l'autre du lait. L'enfant assis sur les genoux de sa mère tourne vers elle un charmant regard, comme pour solliciter son approbation avant de toucher aux mets qui lui sont offerts et vers lesquels cependant, par un mouvement bien naturel à l'enfance, il a d'abord avancé ses jolies petites mains. Les deux anges rayonnant de grâce, de jeunesse et de beauté, mettent dans leur attitude une réserve pleine d'une admirable candeur : c'est du plus loin qu'ils peuvent étendre leurs bras qu'ils présentent leur offrande à l'Enfant-Dieu. L'un d'eux soulève d'un doigt délicat le rayon de miel contenu dans le plat d'or qu'il tient à la main ; l'autre, les ailes déployées, et s'appuyant d'une main sur un grand vase d'argent déposé à ses pieds, avance avec timidité une écuelle remplie de lait. Le premier de ces esprits célestes a pour vêtement une longue robe jaune qui laisse ses bras à nu, le second est couvert d'un vêtement blanc : tous deux ont la tête ornée d'une charmante chevelure blonde toute bouclée. Deux petits anges qui voltigent au-dessus de la Vierge et de l'enfant, font pleuvoir sur le couple divin une multitude de fleurs dont leurs mains sont chargées. A côté de Marie, et un peu en arrière, saint Joseph, nu-tête, vêtu d'une longue robe rouge et à demi renversé de côté, repose sur son manteau, la tête appuyée dans sa main. Derrière saint Joseph, l'âne qui prête son secours à la Sainte-Famille, se trouve libre et débarrassé de son licol ; un petit baril est attaché à son bât que recouvre une draperie verte : l'attitude de l'animal accuse une longue fatigue. Au-delà du monument qui masque la moitié de l'horizon, de jolies montagnes où se réfléchit la couleur azurée du ciel, se montrent dans le lointain, et bordent la plaine au milieu de laquelle s'élève un tombeau en pierres de taille. Un énorme éléphant traverse le désert, etc.....

Le génie du Poussin se révèle tout entier dans cette simple mais délicieuse composition. On ne se lasserait jamais de l'admirer, parce qu'on ne se lasse jamais, en effet d'admirer les chefs-d'œuvre de ce grand maître...

Ce tableau a été gravé par Raphaël Morghen.

Toile. Haut., 85 cent.; larg., 107 cent.

Galerie du cardinal Fesch. Nos 398-1053 du Catalogue.

POUSSIN

(NICOLAS)

3 — La Mise au Tombeau.

Le corps du Christ est étendu sur les genoux de
sa mère qui s'évanouit de douleur; sainte Madeleine lui tend les bras pour la secourir; saint Jean
et deux petits anges prennent part à cette scène de
désolation. Joseph d'Arimathie prépare la sépul-
ture.

Ce tableau a été gravé deux fois.

Toile. Haut., 00 cent. larg., 00 cent.

POUSSIN

(NICOLAS)

4 — Étude pour le Déluge.

C'est ici le premier essai de l'immortelle composition du déluge ; c'est ici que le grand peintre a commencé de préluder à cette douloureuse et terrible élégie de la submersion du monde. Devant ces quelques traits échappés à sa puissante inspiration ; devant ces quelques rochers, ces masses d'eau, on se sent à la fois et glacé d'épouvante et ravi d'admiration, tant ils disent bien leur menaçante destination et les immenses ressources de la main savante qui les a tracés. Il y a plus, par la disposition de la composition toute différente ici de celle du tableau du Louvre, l'auteur nous initie à ses premières pensées ; nous pouvons le suivre dans ses recherches difficiles ; nous le surprenons, en quelque sorte, dans l'enfantement de son œuvre impérissable. C'est sans doute peu de chose que cette esquisse ; mais cependant si nous devions en donner une idée complète, notre tâche serait aussi longue que difficile.

Ardoise. Haut., 53 cent.; larg., 42 cent.

Galerie du cardinal Fesch. N°s 402-1390 du Catalogue.

DYCK

(ANTOINE VAN)

5 — Madeleine pénitente.

Les yeux fatigués par les larmes qu'elle verse depuis si longtemps, les regards attachés vers la Divinité qu'elle ne cesse d'implorer, la pécheresse se tient sur le seuil de sa grotte de la Sainte-Baume, les mains jointes et s'appuyant du bras droit sur un morceau de roc, où se voient un livre ouvert, une tête de mort et un vase de parfums, celui sans doute qu'elle répandit sur les pieds sacrés du Sauveur. Sa bouche semble exhaler un soupir; on saisit dans chacun de ses traits les sentiments purs dont son cœur est rempli; tout en elle paraît vibrer sous l'ardente impulsion d'une âme vouée à l'humiliation et au repentir : c'est la prière dans sa personnification la plus complète et la plus touchante, car tout en elle s'adresse à l'Etre suprême. Son maintien offre un entier abandon, ses cheveux tombent en boucles ondoyantes; ils flottent de ses épaules sur le bras gauche et descendent jusque sur le devant de son corps, que recouvre une draperie de couleur orange foncé.

A peine a-t-on jeté les yeux sur ce magnifique tableau, qu'on le range sans hésiter parmi les plus belles productions du maître. La brillante palette de Van Dyck s'y montre dans tout son luxe, elle rend, par les teintes les plus riches et les mieux combinées, tout ce qu'il est donné à la peinture d'exprimer. Les yeux, la bouche ont une expression sublime; tout dans cette figure est profondément senti; les nus sont animés et les chairs semblent palpables, tant elles se rapprochent de la nature, tant elles sont d'une vérité qui tend à tromper.

Toile. Haut., 112 cent.; larg., 100 cent.

Galerie du cardinal Fesch. Nᵒˢ 64-292 du Catalogue.

DESSINS

CHARLET

Enfants faisant la charité à un vieux soldat.

Aquarelle inachevée.

Haut., 34 cent.; larg., 43 cent.

DECAMPS

Allée dans un parc.

Au centre est un chasseur suivi de ses chiens.
Crayon noir rehaussé de blanc.

Haut., 16 cent.; larg., 24 cent.

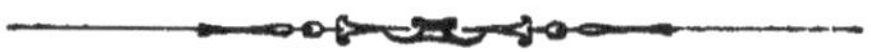

* 9 7 8 2 3 2 9 5 2 9 4 3 1 *